OPINION

D'UN ANCIEN MEMBRE DU TRIBUNAT

SUR LES QUESTIONS RELATIVES

AUX BIENS INVENDUS

DES ÉMIGRÉS.

IMPRIMERIE DE LE NORMANT, RUE DE SEINE.

OPINION

D'UN ANCIEN MEMBRE DU TRIBUNAT

SUR LES QUESTIONS RELATIVES

AUX BIENS INVENDUS

DES ÉMIGRÉS.

Quàm pulchrum et quàm jucundum habitare fratres in unum. PSALM.

PARIS,

LE NORMANT, IMPRIMEUR-LIBRAIRE.

1814.

OPINION

D'UN ANCIEN MEMBRE DU TRIBUNAT

SUR LES QUESTIONS RELATIVES

AUX BIENS INVENDUS

DES ÉMIGRÉS.

La discussion relative aux biens non vendus des émigrés, a conduit par degrés les opinions législatives et l'attention publique vers des idées et des mesures générales qui tiennent elles-mêmes à des questions d'intérêt social de l'ordre le plus élevé et de la portée la plus vaste.

Je me plais à reconnoître que ce que je vais dire n'offrira, en quelque sorte, que le commentaire et le développement des vœux émis dans la Chambre des Députés par plusieurs orateurs, notamment, d'un côté, par M. le comte Ferrand, ministre d'Etat; de l'autre, par M. Durbach, l'un des membres les plus honorables de cette Chambre. Cependant, au premier coup-d'œil, ce ministre et ce député sembloient partir de deux régions bien opposées dans l'empire de l'opinion ; tant il est vrai et consolant à observer que la vérité, dès qu'une fois elle commence à se faire jour à travers les passions, exerce une telle influence, et, pour ainsi dire, une telle attraction, qu'elle ne forme bientôt qu'un faisceau de toutes les lumières et de toutes les intentions, et les dirige constamment au même but, parce qu'elle est essentiellement une et éternelle.

Maintenir les principes et concilier les intérêts, telle est la tâche qui reste à remplir après les grandes convulsions politiques qui remuent les sociétés dans leurs fondemens.

Le moment de faire résoudre ce problème par l'autorité législative, est celui où les passions se calment, et où les intérêts s'éclairent.

Nous paroissons arrivés à ce moment.

Mais les mesures de circonstance les plus

justes, les plus généreuses , n'atteignent tout le mérite dont elles sont susceptibles, qu'autant qu'elles se coordonnent avec les principes constans d'ordre et de crédit public , qu'elles en affermissent les bases, et développent les élémens de la prospérité générale de l'Etat.

Les idées qui germent dans l'opinion publique, me paroissent porter éminemment ce caractère : il s'agit de les appliquer avec quelque détail et quelque précision.

Tout le monde sent que ce seroit une différence injuste et cruelle que celle qui s'établiroit définitivement entre les émigrés dont les biens ont été aliénés, et ceux dont les propriétés se trouvent invendues.

Tel émigré se livrant avec plus d'abandon, et par conséquent, plus de loyauté qu'un autre, à l'espoir de voir bientôt triompher son parti, n'a point, dans les premiers temps, conservé de correspondances dans l'intérieur; tel autre, plus soigneux, y a toujours entretenu des intelligences secrètes qui ont sagement retardé la vente de ses biens : faut-il que le premier soit puni d'une confiance qui, dans sa position, étoit une vertu?

Celui qui avoit un hôtel et des bois a-t-il mérité, par là précisément, un sort plus favorable que celui qui n'avoit que de petites fermes ou des champs épars?

Que l'émigration ait été plus ou moins un mérite, plus ou moins une faute, c'est ce que l'histoire jugera : la génération actuelle ne doit plus la considérer que dans un seul de ses effets, c'est-à-dire, comme un malheur qui, ne touchant à l'honneur d'aucun de ceux qui l'ont éprouvé, ne peut être regardé comme étant par sa nature réparable pour les uns, irréparable pour les autres; la force seule pourroit s'opposer à ce qu'il fût réparé pour tous; les titres de tous à l'intérêt général sont les mêmes : ainsi prononce la justice.

La compensation qu'on peut offrir à leur malheur peut être plus ou moins conforme à l'intérêt national, envisagé sous ses rapports les plus étendus : c'est ici que la politique doit être consultée, et qu'elle seconde la bienfaisance et la justice de tout son pouvoir, de toutes ses autorités.

L'égalité, base de la justice, ordonne de maintenir toutes les confiscations, et de ne rien rendre *en nature*, puisqu'on ne peut pas tout rendre.

Il ne faut point en conclure que je veuille revenir sur aucune restitution faite , soit par le directoire, soit par les gouvernemens qui lui ont succédé, soit par le Roi. J'ai pour maxime fondamentale de laisser *être* tout ce qui *est;* je regarde la possession comme le plus favorable des titres, la prescription comme la loi par excellence, qui, en réconciliant le *droit* et le *fait*, est la véritable puissance conservatrice de l'état social.

Qu'on ne s'effraie pas non plus de la rigueur apparente du principe que j'établis : j'indique plus bas des moyens larges et faciles de favoriser les émigrés qui auront le désir de rentrer dans leurs biens invendus, et qui les préféreront à l'indemnité que je vais offrir à tous.

J'adopte ce principe pour conserver au nom même de loi le respect qu'il est salutaire de lui porter, et dont en aucune occasion on ne s'écarte impunément; il ne faut pas s'accoutumer à traiter avec mépris les lois passées : les lois présentes s'en ressentiroient. Il est également dangereux de disputer sur les caractères de la loi; tout ce qu'une nation a regardé comme une loi l'a été effectivement ; un gouvernement qui foule aux pieds ce qu'un gouvernement précédent a fait, prépare le mépris de ses propres actes par les gouvernans qui lui succéderont.

Je dirai un mot, en passant, de l'opinion de ceux qui ont pensé qu'une loi n'étoit pas nécessaire pour rendre les biens invendus, et qu'une ordonnance du Roi auroit suffi.

Il est certain que le directoire, en rayant un individu de la liste des émigrés, le renvoyoit en possession de ses biens non vendus, sans le concours d'une loi. La même chose s'est pratiquée sous le gouvernement impérial.

Mais, à ces deux époques, il subsistoit une iste d'émigrés, une loi dont on exceptoit tel ou tel particulier. Aujourd'hui, c'est cette liste même qu'on détruit ; c'est cette loi dont on fait cesser tous les effets ; c'est cette législation qu'on abolit, en entier, pour l'avenir.

La différence est palpable, et motive suffisamment l'intervention de l'autorité législative.

Mais, plus une loi est, ici, nécessaire, plus elle doit avoir toutes les conditions qui concilient aux lois le respect et l'amour : *Justice*, *Grandeur*, *Utilité*.

C'est en abolissant jusqu'au nom et au souvenir de l'émigration que la nation française reconnoît expressément que si elle doit une indemnité à un seul de ceux que frappoit cette législation cruelle, elle la doit à tous également, et que ce dédommagement n'a de bornes que la possibilité de le fournir ; car la justice des nations s'arrête là seulement où la bienveillance, pour quelques-uns, deviendroit une oppression pour tous ; et c'est le cas de l'axiôme éternel : *Salus populi suprema lex*.

Avant d'aller plus loin, il importe de sentir et d'apprécier la différence qui existe entre les lois *générales* et les lois *d'exception* ; ce seroit la *nation* qui seroit obligée d'indemniser la *nation* des effets d'une loi générale : ainsi, la compensation existe avant la loi qui la provoqueroit. Il n'en est pas de même des lois d'exception ; s'il est absurde, ou plutôt illusoire que *tous* soient indemnisés par *tous*, il ne l'est pas que *quelques-uns* soient indemnisés par *tous*, quand *tous* ont pesé sur *quelques-uns* par une mesure particulière et oppressive : cette explication étoit nécessaire pour qu'on ne supposât pas à notre système d'indemnité une étendue démesurée et chimérique.

Ces bornes une fois reconnues, *la nation peut-elle, sans se grever indiscrètement, dédommager tous les émigrés ; et, dans quelles proportions peut-elle les dédommager ?* Voilà les véritables questions qui restent à débattre dans cette discussion, au point où elle est parvenue.

Ici, toutes les analogies, toutes les conséquences, veulent que l'horizon s'agrandisse, et que la mesure embrasse, avec les biens des émigrés, *la totalité des biens enlevés à leurs propriétaires, par les lois ou mesures d'exception prononcées depuis le commencement de la révolution jusqu'à ce jour qui en doit être le dernier.*

Il ne faut pas perdre de vue que, le caractère particulier d'émigré étant effacé, il ne reste plus, en fait de personnes, que des propriétaires dépossédés qui doivent tous être regardés du même œil.

Quand les biens du clergé furent confisqués, on crut, au milieu même des plus violentes passions, devoir une indemnité aux propriétaires, selon leurs droits reconnus; elle étoit viagère comme ces droits : celle des émigrés sera perpétuelle comme leur titre qu'on ne conteste plus.

D'après ce système, le seul juste, le seul complet, mettons en regard, par une fiction qui nous aidera dans son intelligence et son développement; mettons, dis-je, en regard, deux grandes masses destinées à se faire raison l'une à l'autre.

D'un côté, la masse de tous les biens dont la nation a disposé d'une manière quelconque, par des mesures et des lois d'exception, pour *faire*, *soutenir* ou *terminer* la révolution.

De l'autre côté, la masse de tous les individus que ces dispositions ont blessés dans leur jouissance ou dans leur propriété.

D'une part, s'offriront *solidairement* tous les biens du clergé séculier et régulier, ceux des émigrés, tous les autres biens dont, à quelque titre que ce soit, la nation s'est aidée, pour faire la guerre et soutenir la révolution, y compris les dotations de l'armée, acquises au prix de son sang pendant la guerre, et livrées pour faire la paix, et terminer cette même révolution.

D'autre part se présenteront les restes d'une sorte d'association tontinière, formée de tous ceux qui ont eu droit à la propriété ou à la jouissance de quelques-uns de ces biens.

Vouloir trouver entre les titres de ces différens propriétaires, la moindre nuance de légitimité, ce seroit ne pas avoir suffisamment dépouillé *le vieil homme* et l'esprit de parti : ce seroit afficher qu'on ne veut pas une justice complète et vraiment nationale, mais un triomphe de faction et de coterie.

Actuellement, quel genre de ressources peut offrir cette masse de biens pour indemniser cette masse de dépossédés sans aucune *lésion réelle pour les propriétaires actuels*, et quelles autres ressources peut-on mettre à la disposition du gouvernement pour le le même objet, sans surcharger les peuples et sans grever l'Etat ?

Il a été plusieurs fois question, et certainement, avec une entière équité, de remettre toutes les redevances et prestations provenant de tradition de fonds avec des conditions *féodales* ou *prétendues telles*, dans les mêmes termes où l'assemblée cons- tituante les avoit laissées, et de faire, par conséquent, rentrer le trésor public au lieu et place du clergé, du domaine, des émi- grés, etc. etc., dans la jouissance de ces revenus livrés dans le temps, avec des in- tentions factieuses, aux redevables qui n'en avoient sollicité que le rachat.

Un projet de loi fut porté au tribunat : dans ce sens, M. le comte Fabre de l'Aude, aujourd'hui pair de France, alors président de la section des finances du tribunat, s'é- toit chargé du rapport. Il étoit entièrement favorable aux dépossédés. Le conseil d'Etat le retira, pour le retoucher; d'autres objets vinrent à la traverse. Il a plusieurs fois été question de le reproduire, et, dans ces derniers temps, de réunir au domaine extraordinaire tout ce qui regardoit le fisc. Cette portion paroît se monter, pour la France actuelle, à 15,000,000. Les recou- vremens auroient certainement été exercés avec plus de rigueur que nous ne le propo- serons.

Il faut en défalquer ce qui en reviendra au Roi, aux princes, aux particuliers réintégrés. On peut toujours compter cette ressource (estimée très-bas) à dix millions de revenus, qui, donnés à recouvrer à la caisse d'amortissement, la mettent bien facilement dans le cas de fournir aux fonds d'indemnités dont nous nous occupons pour dix millions d'inscriptions sur le grand-livre.

Actuellement qu'on ne perde point de vue qu'il s'agit de *finir la révolution*, c'est-à-dire de faire cesser une situation essentiellement provisoire et toujours imminente ; qu'il s'agit de fixer cette roue, et, entr'autres résultats, de donner aux biens nationaux, en général, un caractère et une valeur que l'opinion leur refuse, ou plutôt de leur ôter leur nom, et de faire qu'il n'y ait plus en France que des patrimoines également considérés.

Il est de fait, nul ne peut révoquer en doute l'existence de ce fait, il a été proclamé à la tribune des députés, que les biens aujourd'hui dits nationaux, ont une valeur vénale, moindre de beaucoup que les biens patrimoniaux de même valeur intrinsèque,

et qu'on peut *très-difficilement les hypote-
quer;* il auroit mieux valu, peut-être, gar-
der le silence, que de parler ainsi dans l'intérêt de la cause des acquéreurs : mais l'a-
veu est fait, le coup est porté. *Nescit vox
missa reverti.*

Or, comme les opérations que nous allons
proposer, tendent évidemment et efficace-
ment à leur rendre dans l'opinion, dans le
commerce, une valeur égale à leur valeur
réelle et à celle des biens patrimoniaux, le
montant de la différence qui existe aujour-
d'hui n'appartient-il pas de droit au législa-
teur qui la fait disparoître, et ne peut-il pas
en disposer sans injustice ?

Le gouvernement qui désintéressera les
anciens propriétaires, qui *patrimoniali-
sera* les biens nationaux, est donc admissible à s'adresser au propriétaire nouveau,
et il est encore son bienfaiteur s'il lui demande moins qu'il ne lui donne.

Les propriétaires de biens nationaux ne
se sont jamais dissimulé qu'ils étoient me-
nacés d'une *surtaxe,* d'un *droit de confir-
mation,* etc., etc., etc. C'étoit l'épée de
Damoclès toujours suspendue sur leur tête.

Si le dernier gouvernement avoit duré,

une des premières ressources extraordinaires
dont il auroit usé, auroit été ce genre de
recours ; mais quelle qu'eût été l'opération
du gouvernement *seul*, avec quelque sa-
gesse qu'elle eût été conçue, elle n'auroit
jamais eu ce caractère final et absolu que
lui donne l'époque actuelle, et spécialement
la présence de tous les dépossédés, leur
accession, leur acceptation d'indemnités,
l'adhésion pleine qu'ils donneront en conséquence à l'aliénation, et le caractère moral
que toutes ces circonstances conféreront à
la propriété, et qui surmonteront la délica-
tesse des répugnances les plus scrupuleuses.

Ainsi, à mesure que chaque émigré recevra son indemnité, il signera un contrat
de vente en faveur des acquéreurs de ses
anciennes propriétés.

En conséquence, la commission que nous
allons proposer d'établir, recevra et enregistrera les réclamations de tous les acquéreurs en opposition à la remise de l'indemnité à tout émigré qui n'auroit pas rempli
cette formalité.

Ainsi rentreront sans difficulté, dans les
propriétés patrimoniales, toutes celles qui

proviennent des émigrés : celles qui ont d'autres origines, recevront une nouvelle et définitive sanction, par une loi ou ordonnance du Roi, qui interdira dans tous actes quelconques, l'expression de propriété nationale, et pareillement l'épithète de propriété *patrimoniale*, cette qualification privative tendant à établir deux espèces de propriétés d'une différente faveur.

Le contrat que devra signer l'émigré indemnisé, sera dressé et enregistré à la diligence des gens du Roi près la commission ; les frais seront fixés par une disposition *ad hoc*, et prélevés sur les premiers deniers du prix *complémentaire*.

On voit beaucoup d'exemples de transactions particulières ; elles sont louables, sans doute, dans l'intention respective des contractans, mais faites, ainsi, isolément et sans une impulsion législative et régulatrice, elles atténuent, en quelque sorte, le respect dû aux lois : elles sont loin d'avoir l'effet des mesures que nous proposons.

Sans rien rechercher dans le passé, sans établir des recours qui compliqueroient la question à l'infini, en prenant les propriétés dites nationales, dans l'état et dans les mains où elles sont présentement, en considérant les propriétaires actuels dans la situation où ils se placent et se reconnoissent eux-mêmes, examinons s'ils ne trouveront pas dans le consentement général de l'opinion, dans le désistement des intéressés, un accroissement de valeur égal au moins à un quart de la valeur totale de cette propriété. Si cela est prouvé ; si on ne leur demande pas davantage ; si même par le mode adopté, on leur demande réellement beaucoup moins, ne devront-ils pas applaudir à une opération qui, à la fois, augmentera et *désentravera* leur capital ?

On prend d'abord pour base, non l'état actuel de leur propriété qui peut être le résultat de leur industrie ou de leurs impenses, mais le prix d'estimation, lorsque la nation (1) s'en est primitivement dessaisie ; on leur demande, non de donner le cinquième de

---

(1) Si cependant les propriétaires demandoient à donner le cinquième du prix de la valeur estimée actuellement, il faudroit sans difficulté l'accorder ; et en effet, telle démolition faite avant le propriétaire actuel, peut avoir changé du tout au tout la valeur de la propriété.

ce montant d'estimation ou premier achat, mais de consentir une rente perpétuelle qui sera assise sur leur propriété en première hypothèque de l'intérêt à quatre pour cent de ce cinquième.

Pendant un an, cette rente sera rachetable par des inscriptions au pair et prises pour leur capital nominal.

On accordera pendant le même temps la même faculté de rachat aux redevables des rentes dont il a été parlé ci-devant : passé ce délai, toutes les rentes ne seront rachetables qu'en numéraire (1).

Il est inutile d'expliquer qu'il n'est question d'aucun arrérage, comme il n'est non plus question d'aucune répétition d'arriéré pour les émigrés, etc. etc.

Mais, diront les acquéreurs de domaines nationaux, qui donc a le droit de proposer, d'établir *ces surtaxes, ces confirmations ?* d'où peut-on le faire résulter ? Recherches oiseuses ; si la légitimité de l'opération que

____

(1) J'accorde cette faculté à tous les redevables, soit qu'ils doivent à la caisse, soit à des particuliers. C'est conforme au système que je développe plus bas, d'intéresser dans les fonds publics le plus grand nombre d'individus et de familles.

je vous présente est douteuse, hâtez-vous ,
en la sollicitant, de rendre ce doute superflu
à discuter; car que voulez-vous? Rester dans
la situation où vous vous trouvez ? Dans
cette situation, les lois garantissent vos propriétés, l'autorité vous doit secours et protection ; anathème sans doute au magistrat
qui, sur ce point, porteroit quelque tiédeur
ou quelque négligence dans l'exécution de
ses devoirs : mais en quoi consiste cette garantie de la loi , cette protection du magistrat? Votre personne doit être préservée de
toute injure, votre propriété de tout dom-
mage ; toute la rigueur de la loi, tout le
zèle du magistrat, ne peuvent aller plus loin :
l'autorité mettra en prison celui qui vous
arracheroit une herbe ; elle ne peut pas
faire qu'on vous achète votre champ, qu'on
vous prête sur votre maison le capital dont
vous avez besoin; elle ne peut pas empê-
cher que votre propriété ne soit en quelque
sorte *sous un interdit commercial.* L'opinion seule peut produire cet effet; l'opinion
seule peut guérir les maux qu'elle cause, re-
dresser les torts qu'elle fait : il faut donc
capituler avec elle; et puisqu'elle s'obstine à

vouloir vous vendre sa sanction; vous êtes bien obligé de l'acheter.

C'est dans cet état de la question , c'est sous ce point de vue que je prie tout homme raisonnable, intéressé ou désintéressé, de se placer pour juger l'ensemble et les détails du plan que je présente.

S'il est intéressé comme acquéreur de domaines nationaux, puis-je, au prix de sacrifices plus légers, plus faciles, lui donner un plus désirable complément de garantie, un remède mieux pris dans la cause du mal? S'il est intéressé comme dépossédé, puis-je lui offrir une indemnité plus facile à recueillir, plus à l'abri de toute discussion, de toute contestation personnelle, toujours fâcheuse? S'il est totalement désintéressé, puis-je tranquilliser la masse des contribuables par un projet plus avantageux, puisqu'il lui est entièrement étranger? Puis-je, enfin, en rendant la valeur et l'existence, la vie et le mouvement à tant de propriétés et de propriétaires, créer en même temps pour tant d'expropriés, des intérêts plus conformes aux intérêts de l'Etat, plus en appui au gouvernement, en aide au crédit public, que ceux que l'on pressent que je vais proposer de créer en effet pour eux ?

Cette même opinion publique qui milite aujourd'hui si fortement en faveur des ex-propriés, toujours juste quand elle est libre, ne tarderoit pas à réprouver des mesures qui livreroient les propriétaires actuels à l'inquisition et à l'arbitraire : aussi, elle approuvera pour cette taxation confirmative le mode le plus simple, la base la plus favorable, la plus claire, le prix de l'estimation sur laquelle a été faite la première vente par laquelle la nation s'est dessaisie : ainsi leurs améliorations seront respectées ; aucune contestation ne pourra s'élever, aucune recherche n'aura lieu, et on trouvera dans les dépôts publics la règle et l'échelle à suivre.

En supposant, *ce qui est loin d'être vrai*, que les biens nationaux aient été payés par la majorité des acquéreurs à vingt capitaux de revenu, et en fixant au cinquième le complément de prix proposé, on ne fait que porter au taux du bien patrimonial le moins cher, le bien national payé le plus chèrement ; car personne n'a la prétention

d'acheter couramment des propriétés patrimoniales au-dessous du denier vingt-cinq.

Actuellement, si nous nous en rapportons
à l'opinion généralement reçue, le produit
des biens nationaux vendus a de beaucoup
dépassé un milliard : ce qui suppose qu'ils
donneront une redevance annuelle repré-
sentant le complément de prix, de la valeur
de huit millions (1), qui, avec les dix millions trouvés plus haut, feront une masse
de dix-huit millions dont la caisse d'amortissement fera la recette.

On émettroit de suite des *bons* destinés à
être donnés par les anciens propriétaires en
échange, et pour l'acquisition fictive des biens
invendus qui sont susceptibles de leur être
rendus; cette forme seroit suivie par analogie
pour les anciennes ventes, par respect pour
les lois : on voit que c'est une simple formalité, et c'est pour cette cause qu'on laisse
pour mémoire les biens non vendus et susceptibles d'être rendus en nature.

---

(1) Parce que je n'ai porté qu'à quatre pour cent l'intérêt
du cinquième complémentaire demandé aux acquéreurs de
domaines nationaux.

Enfin, en représentation des 18,000,000 que nos calculs très-modérés viennent de nous présenter ces revenus hypothéqués sur des biens-fonds, il seroit créé et remis à la caisse d'amortissement 18,000,000 de rentes en inscriptions sur le grand-livre, destinées à être réparties entre les dépossédés à indemniser.

Je fais entrer dans ce nombre, ainsi que je l'ai annoncé, 1º. tous les émigrés à qui on ne peut pas rendre leurs biens en nature; 2º. tous les pensionnaires ecclésiastiques, dont je remets les pensions sur le taux où les avoit décrétées l'assemblée constituante, avec l'approbation générale ; 3º. tous autres spoliés, à quelques titres qu'ils l'aient été ; 4º. les militaires et autres serviteurs de l'Etat dotés par récompense nationale, dont la propriété a péri pour eux par l'effet des conditions de la paix.

Tous ces dépossédés seront-ils indemnisés totalement ? Je crois pouvoir l'affirmer. Voici mes aperçus :

Sur un milliard de biens nationaux vendus par la nation, y en a-t-il eu un dixième appartenant aux émigrés ? Je ne le crois pas.

ainsi, en comptant pour rien les dettes assez considérables qu'on a payées pour eux, 5,000,000 de rentes inscrites sur le grand-livre leur feroient raison.

La même somme de 5,000,000 d'inscriptions fera raison, et au-delà, aux rentes sur l'Etat qu'avoient les émigrés, et qui seront réduites au tiers; car nous avons annoncé que nous ne prétendions réparer que les dommages causés par les lois d'exception, et non ceux qui ont résulté des mesures et des lois générales, et pesé sur l'universalité de la France.

Trois autres millions de rentes inscrites sont surabondantes pour reporter au taux de l'assemblée constituante les pensions ecclésiastiques. Il faut observer qu'un revirement avantageux et facile fera de 3,000,000 d'inscriptions perpétuelles 6,000,000 d'inscriptions viagères pour des hommes presque tous plus que sexagénaires.

Et enfin, 5,000,000 suffiront pour offrir une indemnité convenable aux militaires et autres serviteurs de l'Etat qui ont été privés de leurs dotations. Celles qui étoient placées en France en actions sur les canaux, etc., etc., ont été religieusement respectées : par là est implicitement reconnu le principe qu'on *doit faire* en faveur des autres tout ce qu'on *peut faire*. D'un autre côté, dans cette indemnité des dotations, l'opinion publique réprouveroit qu'on prît pour base la profusion ridicule et désordonnée qui avoit succédé aux sages dispositions des premiers réglemens.

En les suivant, la grande vue morale du plan que nous proposons sera remplie ; car il s'agit d'un côté d'être juste, de l'autre d'attacher au gouvernement, par la reconnoissance et par la nature de leur nouvelle propriété, le plus grand nombre possible d'hommes utiles, de familles estimables. Or, il est bien reconnu que sous le dernier gouvernement, si une faveur capricieuse, caractère essentiel du despotisme, ou le motif plus plausible, mais qui n'existe plus, de fournir aux frais d'une grande représentation, avoit poussé certaines dotations à des proportions gigantesques, on n'avoit point généralement dépassé des mesures convenables envers la bravoure sans servile dévouement, le talent

sans prostitution, et le mérite sans in-
trigue (1).

Indiquons quelques moyens d'exécution
pour les mesures que nous proposons.

Il sera nommé par le Roi une *commission
centrale de rectification et d'indemnité*,
composée de vingt-cinq membres, répartis
en cinq bureaux, qui préparera ou provo-
quera dans le plus bref délai tous les actes
administratifs ou législatifs qui seront néces-
saires pour l'exécution de ce plan.

Cette commission recevra de la caisse
d'amortissement les notes relatives à ses per-
ceptions; de tous autres établissemens, les
renseignemens dont elle pourra avoir
besoin.

Elle recevra les réclamations de tous les
dépossédés, les examinera, en rendra compte
au Roi, établira une balance entre les ressources et les secours, avant de fixer ceux-ci.

Elle présidera à tous les actes de simple
formalité, tels que l'achat des biens inven-

---

(1) Les individus à qui on restitueroit ainsi la totalité ou
partie de leurs dotations, pourroient les accepter dès ce
moment comme pension de retraite : ce qui seroit un dé-
grèvement pour le trésor.

dus des émigrés par les anciens possesseurs, au moyen de bons comme nous les avons proposés plus haut; à l'échange *sans frais*, qui pourra se faire entre l'émigré dont le bien seroit vendu et le nouveau propriétaire, par lequel l'un d'eux rendroit à l'autre son bien, et l'autre lui céderoit son indemnité, etc.

Elle liquidera ce qu'on doit aux émigrés dont les biens sont vendus; elle connoîtra, à cet effet, ce que le trésor a touché et ce qu'il a payé à l'acquit de leurs dettes. Toutefois elle prendra pour base de l'indemnité, non ce que le trésor a reçu réellement valeur numéraire, mais ce qu'il a dû recevoir selon l'estimation faite du bien lors de la première vente, base d'estimation juste, ainsi que nous l'avons suffisamment remarqué, et d'autant plus que c'est sur elle que se mesure ici le prix complémentaire que nous demandons, et qui forme le fonds d'indemnité actuelle.

Cette commission recevra les réclamations et oppositions des créanciers des émigrés; elle les enregistrera, elle veillera à l'immobilisation des inscriptions qui seront données à ces derniers, et qui auront lieu à la manière de celles qui étoient faites pour entrer dans des majorats (1). Elle pourra proposer au Roi de déclarer insaisissable jusques au tiers de l'inscription donnée à l'émigré, et regardée dans cette partie comme alimens ; enfin elle veillera, comme nous l'avons dit, à ce qu'aucun indemnisé ne reçoive son inscription sans avoir, au préalable, passé contrat au propriétaire actuel de son bien.

La création seule de cette commission (2) sera comme un grand talisman qui calmera toutes les craintes, adoucira toutes les douleurs, apaisera toutes les passions, en les

----

(1) Cette opération d'immobilisation tend à l'amélioration des effets semblables qui restent dans le commerce, comme effets au porteur : ainsi elle a deux avantages, celui d'étendre ce genre de propriété, et de ne pas l'avilir.

(2) On propose de la faire présider par le ministre des finances, de la composer de cinq membres de la chambre des pairs, présidens de bureaux, de dix membres de la chambre des députés, et de dix autres personnes prises dans les acquéreurs de biens nationaux, les émigrés, les pensionnaires ecclésiastiques et les militaires dotés. Ainsi, tous les intérêts seroient représentés : il y auroit un procureur du Roi pour provoquer toutes les opérations et en accélérer la marche.

enchaînant à des espérances dont les bases
ne sont point chimériques, et qui se réali-
seront, de moment en moment, jusques à la
satisfaction de tous.

Il me reste à insister sur l'utilité politique
du mode d'indemnité en inscriptions au
grand-livre, que je choisis préférablement
et exclusivement à tout autre pour satisfaire
cette foule d'individus, cette quantité de
familles qu'il s'agit d'intéresser de nouveau
à la prospérité de l'Etat, et de consoler d'un
long malheur.

J'entends souvent qu'on se plaint en
France de la tiédeur, de l'absence même de
l'esprit public dans tout ce qui n'est pas
gloire nationale ou même gloire militaire;
on vante, au contraire, l'esprit public d'une
nation voisine qui porte, dit-on, partout la
même attention, la même ardeur patriotique.

Cette différence peut s'expliquer sans que
l'explication soit injurieuse au caractère
français.

On convient que ce caractère se retrouve
dans les grandes questions de gloire et de
patrie : s'il paroît s'éclipser dans beaucoup
de questions administratives et financières,

et que dans ces mêmes questions il se manifeste avec avantage chez nos voisins , c'est que chez nous l'intérêt public n'est que dans la *tête*, chez eux il est dans la *bourse* de chacun ; presque tout le monde y est directement intéressé aux fonds publics : or, certainement ce dont on est frappé comme jouissance ou privation actuelle et personnelle, on le sent bien autrement que ce dont on n'est atteint que d'une manière lointaine, indirecte, et pour ainsi dire spéculative. On pourroit avec justesse détourner en ce sens l'axiome de l'école : *Nihil est in intellectu quod non priùs fuerit in sensu.*

Peu de personnes autrefois en France prenoient part à l'état du crédit public, peu d'intérêts y étoient immédiatement liés ; en Angleterre tout le monde en dépend pour son aisance particulière.

Si nous disséminons, si nous répandons partout cet intérêt, nous fondons cet esprit public qu'on peut appeler *matériel.*

Les déchiremens de la révolution n'auroient peut-être pas même commencé, si, au lieu d'avoir uniquement des terres ou des droits féodaux, les conseillers aux parlemens de Bordeaux ou de Rennes avoient eu une partie de leur fortune dans les fonds publics.

En France un très-petit nombre d'individus étant créanciers de l'Etat, d'un côté on les sacrifioit presque sans scrupule, à cause de ce petit nombre, de l'autre ils étoient d'autant plus ruinés, que leur nombre étoit moindre pour partager les pertes, et d'autant plus malheureux que leur position relative en étoit plus abaissée vis-à-vis des autres classes de la société.

En Angleterre, au contraire, supposez la possibilité d'une banqueroute que tant d'appuis intéressés au crédit public rendent si peu vraisemblable, cette banqueroute même, frappant tout le monde, laissera chacun dans la même position relative avec ses voisins : circonstance qui adoucit sans mesure un pareil désastre, qui a presque l'effet de le neutraliser.

Ce n'est donc pas un grand mérite à nos voisins d'avoir ce genre d'esprit public, qui n'est que de l'égoïsme bien entendu ; mais c'en est un très-grand à leur gouvernement de le leur avoir donné ; il en re-

cueille lui-même le fruit tous les jours : imi-
tons-le.

Un gouvernement dont le grand ressort
est le crédit public, est nécessairement libre,
juste et modéré, et par conséquent heureux
et durable.

Libre, parce qu'il ne peut exister sans
confiance, ni la confiance sans liberté.

Juste, parce qu'aucune injustice particulière n'y est indifférente au public, ni
étrangère au crédit.

Modéré, parce que l'oppression d'un seul
seroit également et promptement ressentie
par tous.

Il n'en est pas de même des gouvernemens où manque ce lien d'intérêt commun :
on croit pouvoir isoler son intérêt de celui
du public ; on est averti durement, mais
trop tard, de la fausseté de ce système et
de cette vérité que Cicéron avoit tant de
peine à faire entendre aux sénateurs de son
temps, quand il leur écrivoit : *Insensés,
pensez-vous que vos palais et vos viviers
subsisteront quand la république sera dé-
truite ?*

Cicéron ne pouvoit invoquer le principe

qui nous dirige ici : les systèmes de crédit
public appartiennent à la civilisation mo-
derne ; ce sera une circonstance incalculable
dans ses heureux effets, que celle qui par la
création de tant d'intérêts qu'une justice
gracieuse ressuscite, fondera parmi les intéressés, c'est-à-dire parmi plus de vingt mille
individus et près de dix mille familles, cet
esprit public qui veille sans cesse, qui aide
sans relâche au succès de tous les genres
d'administration (1).

Récapitulons en peu de mots tous les
avantages que nous avons cru voir dans un
plan que nous présentons avec tant de confiance : s'il paroît blesser quelques intérêts,
offrir quelques inconvéniens, ne le dissi-
mulons pas.

Peut-on dire qu'il y ait quelque lésion
pour les redevables de rentes féodales ? Ils
les payoient sur des titres établis contre lesquels personne ne réclamoit. L'assemblée

---

(1) On pourroit favoriser par une foule de moyens ce genre
de propriété, souffrir exclusivement les inscriptions immobilisées, pour les majorats, les substitutions quelconques dont
l'économie politique réprouve l'existence en immeubles
fonciers, admettre le placement des deniers dotaux, des
deniers de tutelle en inscriptions immobilisées, etc.

constituante a traité cette question avec autant de maturité que de bienveillance pour
les contribuables ; elle a laissé les choses
aux termes où nous les remettons aujour-
d'hui, avec d'autant plus de justice, que
les fonds sur lesquels ces redevances sont
assises, ayant généralement acquis bien plus
de valeur, rendent la charge bien plus lé-
gère ; que le mode de rachat actuel sera
plus avantageux, et qu'enfin ils ont joui de
vingt ans d'exemption, dont on ne leur
demande pas compte, par respect pour la
loi, et pour ne point lui donner d'effet ré-
troactif.

On ne peut pas argumenter sans doute
d'une manière aussi précise sur le droit de
*surtaxe et le paiement du cinquième com-
plémentaire.* Cependant combien de considérations peuvent être mises en avant ? La
plus puissante, sans contredit, est celle qui
doit inspirer aux acquéreurs eux-mêmes le
desir de rendre à leur propriété toute sa
valeur ; l'opinion la lui restituera sans peine ;
elle cessera de s'occuper de biens nationaux
et de les déprécier, quand elle ne sera plus
frappée du malheur de tant de familles

dépouillées, de tant de ministres des autels privés de l'aisance que tout garantissoit de leur vieillesse.

On peut donc, avec plus de vraisemblance, compter les acquéreurs de domaines nationaux parmi ceux que notre projet favorise que parmi ceux qu'il peut froisser (1).

Les émigrés indemnisés reçoivent non-seulement un incontestable bienfait, dont la plus énergique confiance commençoit à désespérer, mais encore le genre d'indemnité le plus accommodé au besoin de leur position ; la plupart, n'ayant point de capitaux pour faire valoir les terres qu'on leur rendroit, ou pour en rembourser les améliorations, seroient comme écrasés sous le poids de leur propriété : ils reçoivent, à la place, des effets d'une jouissance plus facile, qui leur permet de se livrer à d'autres occupations utiles, et qui les lie à la grande famille d'une manière à la fois plus générale et plus intime, car la plupart appartiennent

---

(1) 800 fr. de rente foncière rachetables par 800 fr. de rente inscrite sur le grand livre, sont en définitif toute la charges imposée par notre plan à une propriété de 100,000 f. de primitive estimation.

à cette classe qui s'embarrassoit trop peu du crédit public.

Les dotés de l'armée, voyant que les récompenses décernées aux bons services ne sont pas perdues, seront d'autant plus attachés à un gouvernement si juste, et s'ils ne s'intéressent plus au maintien de tant de conquêtes excentriques, ils s'intéresseront de plus près à celui de la prospérité intérieure de l'Etat.

L'Etat lui-même, et la généralité des citoyens, ne peuvent point être indifférens au succès de notre opération; ils ont le droit de la provoquer, ils y ont un intérêt réel, direct; car, s'il est vrai que toutes les propriétés, dites nationales, sont en *stagnation et comme absentes du commerce*, elles ne produisent rien à l'enregistrement; cependant elles sont le *dixième des immeubles du royaume :* il manque donc un *dixième* à la recette calculée de cette branche importante des revenus publics; ne faudra-t-il pas couvrir ce *déficit?* N'est-ce pas une surcharge imminente pour tous, et personne d'ailleurs peut-il voir, sans y prendre part, le dixième des terres du royaume, négligées ou mal cultivées, par suite de la difficulté de les vendre ou de les hypothéquer.

Mais les considérations morales ne sont pas ici moins importantes que celles que nous venons de récenser dans l'ordre positif et matériel.

Du côté du passé, c'est le sceau de la réprobation, imprimé par l'assentiment général: 1°. à ce funeste système de confiscation que la charte a effacé; 2°. à ce brigandage immoral des ventes à trop vil prix, qu'il faut écarter de nos transactions ultérieures; 3°. à cette abolition injuste et imprudente des droits acquis et reconnus qu'il faut enseigner à respecter désormais.

Du côté de l'avenir, c'est ce spectacle de consolation et de satisfaction universelles, de tant de ressentimens éteints, de tant de préventions réconciliées.

Les hommes qui composent aujourd'hui la partie influente et agissante de la société, connoissoient personnellement très-peu les Français émigrés; sur la foi des passions triomphantes, et par suite de l'interruption de toutes les communications, ils ont pu, sans être très-coupables, les calomnier dans leurs pensées, dans leurs discours ; dans leurs écrits. De leur côté les Français émigrés n'ont-ils pas généralisé, jusqu'à un excès quelquefois délirant, les reproches qu'ils pouvoient justement adresser à quelques Français de l'intérieur.

Peut-il y avoir aujourd'hui un parti qui conserve toujours son langage, et un parti qui fasse amende honorable du sien? Une pareille prétention n'est admissible, ni selon la raison, ni selon les passions; s'il y a des torts des deux parts, des deux parts il y a eu des vertus : une transaction libérale, suivie du silence et de l'oubli, voilà ce qui convient à tous. La révolution ne peut finir que comme une guerre. Au moment d'un traité de paix, on ne va point rechercher avec une triste curiosité quel fut l'injuste agresseur, le combattant barbare ; une pareille discussion finiroit bientôt par appeler de nouveau la décision du glaive et l'arbitrage des batailles. Dans un traité de paix, le vaincu cherche, autant qu'il le peut, à ramener les choses au *status ante bellum*, le vainqueur à rester dans l'*uti possidetis*.

L'acte qui intervient est une composition entre ces prétentions contraires.

Ici où il n'y a proprement ni vaincus ni vainqueurs, il faut venir également au secours de tous les intérêts sacrifiés, tour à tour, et selon les divers mouvemens de cette révolution qui, depuis vingt ans, n'épargnant pas les victimes les plus augustes, ne dédaignant pas les plus obscures, a néanmoins, dans sa marche meurtrière, prodigieusement avancé la science sociale et la raison publique.

Nul, entre les Français, ne paroît plus disposé à entendre et à protéger toutes ces vérités, que le prince qui nous a été rendu : jamais aussi concert plus doux et plus unanime de respect et d'amour n'entoura un souverain.

Les émigrés peuvent aimer le Roi depuis plus long-temps, ils ne l'aiment pas plus, ils ne l'apprécient pas mieux que les Français, qui ne le connoissent que depuis son retour. La réconciliation de tous les intérêts, la coalition franche de tous les hommes à intentions pures, ou est une œuvre impossible, ce qu'à Dieu ne plaise, ou sera l'œuvre à jamais mémorable et toutefois facile, des mains paternelles de ce sage et habile Monarque.

> Roi philosophe, et Platon couronné.
> VOLT.

Paris, ce 2 novembre 1814.

Post-Scriptum.

Ce petit écrit, rédigé à la hâte quoiqu'à bâtons rompus, à cause des séances de la Chambre des Députés, qui offroient un si grand intérêt et une si grande autorité, pourra être pris en quelque considération par celle des Pairs, par le gouvernement, par le public; je voudrois que la forme en fût aussi bonne que le fonds me semble vrai et utile. Il peut manquer de méthode, de correction, de développemens, mais ni les bonnes intentions n'ont manqué à l'écrivain, ni les bases solides ne manquent à ses idées et à son plan : il provoque les objections; il se flatte de résoudre toutes les difficultés ; il croit que les erreurs, les fautes de calcul qu'on peut relever, ne sont point fondamentales. Des hommes plus forts et mieux instruits s'empareront peut-être avec succès de cette ébauche; ils la perfectionneront; l'auteur applaudira du fond du cœur à ce succès vraiment patriotique.